TROISIÈME CONFÉRENCE DES NATIONALITÉS

LAUSANNE, JUIN 1916

MÉMOIRE

DE LA

DÉLÉGATION CIRCASSIENNE

TROISIÈME CONFÉRENCE DES NATIONALITÉS

LAUSANNE, JUIN 1916

MÉMOIRE

DE LA

DÉLÉGATION CIRCASSIENNE

LAUSANNE

LITH.-IMPR. MARSENS & BOIVIN

1916

MÉMOIRE

DE LA

DÉLÉGATION CIRCASSIENNE

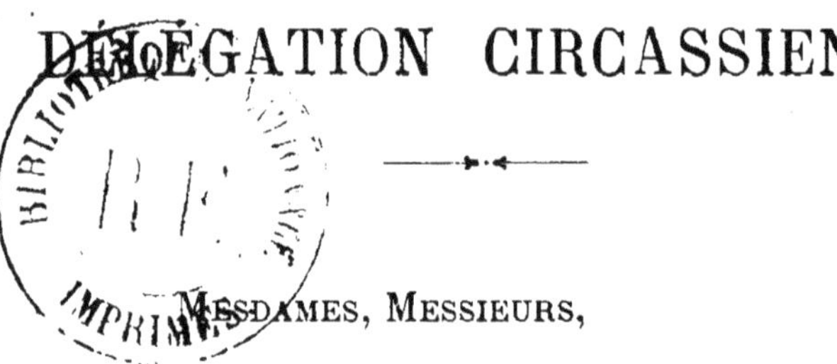

MESDAMES, MESSIEURS,

Avant d'entrer dans les explications et les exposés des revendications du peuple circassien, qui a tant souffert pour la conservation de sa liberté et de son existence nationale, je crois nécessaire, pour la bonne compréhension de ces mêmes revendications, de faire un historique succinct de la manière et des procédés employés par la Russie pour conquérir la Circassie.

Depuis la plus haute antiquité, le Caucase a été le pays dans lequel vivaient tranquillement plusieurs peuples, dans des aires géographiques délimitées par les nombreuses montagnes et les grands cours d'eau qui sillonnent la contrée.

Malgré la multiplicité des races et des religions, le Caucase est un des rares pays du monde qui ont très peu connu les horreurs des guerres intérieures et religieuses. C'était comme une Suisse posée à cheval sur les deux continents de l'Asie et de l'Europe, qui, par sa position géographique et l'idéal de liberté de ses habitants, a empêché ou arrêté bien des invasions, et a évité aussi bien des malheurs à l'humanité de l'Europe et de l'Asie.

Nous, les Caucasiens, nous vivions ainsi tranquillement à l'ombre de nos libertés depuis les temps les plus reculés, pendant que le reste de l'humanité était déchiré par les guerres de toutes sortes.

Avec Ivan-le-Terrible, Pierre-le-Grand et Catherine II, l'Empire moscovite multipliait ses guerres de conquête, tantôt vers l'Est, tantôt vers le Sud. Les dirigeants de la politique russe ont allégué comme excuse de leur impérialisme et de leur poussée vers le Sud, la nécessité d'avoir des débouchés, des portes de sortie vers les mers chaudes. Les guerres contre les Suédois et les Tartares de Crimée leur avaient procuré ces portes de communication avec l'Occident et la Méditerranée. De sorte que, s'ils avaient été logiques avec eux-mêmes, si les Russes avaient été sincères dans leur argumentation, dans la nécessité d'avoir des ports d'exportation et d'importation, ils auraient arrêté leur conquête depuis longtemps. Il n'en a pas été ainsi, et l'impérialisme moscovite a continué, avec plus d'acharnement, sa marche vers les pays du Sud, c'est-à-dire vers le Caucase.

Ivan-le-Terrible fit les premières incursions moscovites dans le Caucase du Nord. Pierre-le-Grand voulut se mêler aux affaires de la Géorgie, et Catherine II conclut avec le roi de Géorgie un traité d'alliance, en 1783, pour avoir la possibilité d'entrer en Géorgie.

Aujourd'hui, si l'on examine la main-mise de la Russie sur le Caucase, on ne trouve aucune raison logique qui puisse justifier cette conquête, cet asservissement des peuples qui l'habitent, dont l'idéal de liberté et d'humanité a fait l'admiration de l'antiquité grecque et romaine, ainsi que de tous les auteurs modernes qui ont écrit sur les peuples du Caucase.

Les Moscovites pouvaient-ils prétendre qu'ils entraient au Caucase parce que ce pays était inhabité? Non, car ce pays a, de tout temps, été occupé par les peuples de race caucasienne : tous les historiens sont d'accord à ce sujet. Pouvaient-ils dire qu'ils allaient au Caucase au nom de la Civilisation occidentale, de cette civilisation sous le couvert de laquelle bien des crimes de lèse-nation ont été commis? Non! l'état social moscovite, en comparaison de l'état social des peuples caucasiens, n'était guère plus avancé alors, et il ne l'est pas encore aujourd'hui, malgré l'effort que les Moscovites font tous les jours pour se rapprocher des peuples occidentaux, et malgré les obstacles innombrables qu'ils opposent au progrès des peuples caucasiens.

Tous les auteurs sincères qui ont étudié le monde moscovite et le monde caucasien — et même les simples voyageurs qui ont parcouru ces contrées — sont unanimes à dire que les Russes moscovites ne sont pas en état de s'arroger le titre de civilisateurs.

Les Moscovites peuvent-ils dire aujourd'hui que leurs ancêtres ont mis le Caucase à feu et à sang par raison économique? Peuvent-ils prétendre, comme les Japonais, les Chinois et les Allemands, qu'en raison de la grande densité de la population, l'émigration ou l'acquisition de colonies devient nécessaire? Jamais! parce que chez les Moscovites qui occupent aujourd'hui même plus de la moitié de l'Europe, la densité de leur population européenne ne dépasse guère 20 habitants par km^2.

Les Moscovites peuvent-ils prétendre qu'ils ont été obligés de conquérir le Caucase parce que d'autres Etats impérialistes se seraient emparés de cette contrée et auraient menacé l'existence de la Russie européenne? Non plus, parce que la conquête du Caucase par les Russes coïncide justement avec la plus grande décadence des empires ottoman et persan.

Il résulte de ce court exposé que les Russes moscovites ne peuvent invoquer dans la conquête du Caucase aucune excuse légale et logique. Les Moscovites ont été poussés à cette conquête par cette maladie de certains peuples qui ne sont jamais rassasiés, qui ne sont jamais contents tant que leurs voisins ne sont anéantis dans leur existence nationale et politique et que le langage moderne appelle « impérialisme », par euphémisme. Par conséquent, les guerres que les Russes ont portées dans cette contrée paisible du Caucase constituent un crime contre l'humanité que tout homme véritablement civilisé doit réprouver à chaque instant. Et leur domination dans cette contrée où ils ont tout bouleversé, tout écrasé, constitue une illégalité, une injustice que le monde occidental doit faire disparaître.

Conquête de la Circassie par les Russes moscovites.

C'est vers 1760 que les Russes ont commencé la conquête effective de la Circassie. La Circassie n'avait pas d'armée permanente, comme tous les peuples non-impérialistes et les petites républiques grecques de l'antiquité; si bien que les armées russes ont pu facilement pénétrer dans le centre de la Circassie, diviser le pays en deux parties et s'installer dans les cours supérieurs du Kouban et du Terek. Ce premier coup de main divisa la Circassie en deux parties : la Circassie occidentale et la Circassie orientale, qui ne pouvaient plus s'entr'aider pour la sauvegarde de leur liberté nationale.

Ce premier avantage acquis, les Russes ont essayé de faire tomber ces deux parties d'un même pays par les intrigues, les guerres civiles qu'ils ont voulu créer par tous les moyens. Ils ne se sont pas embarrassés dans le choix de ces moyens, tels que l'argent, les titres honorifiques pour attirer certains princes à l'influence russe, les primes qu'ils accordaient à tous les criminels et les bandits qui parvenaient à se soustraire à la justice de leur pays. Les Moscovites organisaient ces bandes, qui étaient mises au ban de la société de leur pays d'origine, enrôlaient dans ces mêmes bandes tous les individus qui avaient maille à partir avec la justice humaine, les encadraient avec les officiers moscovites et les envoyaient au pillage des localités paisibles de la frontière. Les villages étaient saccagés, les biens pillés, les habitants massacrés ou emmenés en esclavage. Ces procédés de guerroyer ont été employés par les Moscovites depuis 1760 jusqu'à 1864, date fatale à laquelle le dernier rempart de l'indépendance caucasienne, la Circassie occidentale, est tombée entre les mains des Moscovites.

Durant un siècle, les Moscovites ont continué leur méthode de conquête, d'extermination d'êtres humains. A plusieurs reprises, ils ont voulu emporter en bloc ces deux parties du Caucase septentrional; ils ont organisé de grandes armées de plusieurs centaines de mille hommes. La situation qu'ils avaient acquise dès le début de la conquête leur permettait de porter leurs efforts tantôt vers l'Est, tantôt vers l'Ouest, sans que les deux parties du Caucase septentrional puissent s'entr'aider, car la Géorgie et les autres parties de la Transcaucasie étaient effectivement sous la domination russe depuis 1801, date à laquelle ils s'étaient définitivement installés en Géorgie, malgré les traités existants entre l'Empire moscovite et les rois de Géorgie.

La Circassie était partagée en deux parties par l'armée russe, qui occupait les hautes vallées du Kouban et du Terek; elle était isolée du reste du monde par la Mer Noire et la Transcaucasie, qui étaient entre les mains des Moscovites. Cette situation désespérée s'accentue vers 1829. Alors commence entre l'immense empire moscovite et les deux parties du Caucase septentrional cette lutte acharnée et sans merci qui s'est prolongée jusqu'en 1864. Cette lutte est unique dans l'histoire des peuples, tant par sa durée et son âpreté, que par la disproportion des forces en présence. D'un côté, un empire de 80 millions d'habitants qui emploie toutes ses forces vives, et, de l'autre, de petites républiques aristocratiques et théocratiques de deux millions d'habitants, dont les citoyens se font hâcher pour la conservation de leur liberté et de leur existence nationale.

La Circassie orientale avait lié son sort avec celui du Daghestan. Des chefs religieux avaient organisé des Etats avec les différents peuples, tels que les Tchetchènes, les Karbardiens, les Koumouks, les Avares, les Lesghis, et ils luttaient avec avantage contre les Moscovites ; tandis que dans la Circassie occidentale, des armées étaient créées par les petites républiques aristocratiques, armées qui refoulaient les Russes au-delà du Kouban.

Dans la période 1829-1864, la lutte était devenue extrêmement violente et ininterrompue, et il serait excessivement curieux d'examiner et de déterminer les facteurs essentiels qui ont pu permettre aux Caucasiens de faire une résistance si longue et si acharnée. Durant cette période, les Moscovites ont employé des armées régulières à gros effectifs avec les bandes qu'ils avaient organisées. Cette période est marquée par les massacres effectués par les armées régulières, aussi bien que par les bandes nommées garde-frontières. Nous, les Circassiens, après chaque bataille, nous avons enterré des nôtres, plus de femmes et d'enfants que de véritables combattants. Cela est indéniable ; dans toutes les batailles qui se sont livrées dans les vallées du Zelentchouk et de Laba, des femmes et des enfants ont été massacrés par les armées russes. De ces pauvres créatures, celles qui échappaient aux baïonnettes moscovites mouraient de faim et de misère dans les montagnes.

Le monde occidental s'était ému de cette défense héroïque et de ces massacres ; des voyageurs européens s'étaient risqués jusque dans ces pays ravagés. Des Anglais et des Français ont raconté au monde civilisé la lutte inégale et acharnée qui se poursuivait dans les montagnes de la Circassie (Taibout de Marigny).

Tout le monde est d'accord pour dire que le beau rôle, la loyauté, la générosité sont du côté du faible, tandis que du côté du fort, on ne voit que cruauté, férocité, mépris de la parole donnée. Le monde occidental et civilisé nous prodiguait des consolations platoniques ; il avouait hautement que les Moscovites avaient versé trop de sang généreux dans les montagnes du Caucase et qu'il fallait mettre un terme à ces massacres. Les membres des comités circassiens qui ont été reçus à Londres et à Paris avaient obtenu la promesse qu'on interviendrait en leur faveur et qu'on mettrait un terme à cette guerre devenue séculaire. Ces paroles n'ont pas été suivies d'actes, et la lutte a continué plus acharnée encore. Dans la partie Nord-Orientale, un chef religieux avait réussi à grouper autour de lui tous les peuples caucasiens, Tchetchènes, Koumouks, Lesghis, Avares, etc., vers 1835. En Circassie occidentale, le même phénomène se produisait autour des chefs aristocratiques. Il était évident que le même esprit de dévouement et de sacrifice animait tous les Circassiens et les Daghestanlys, et que le temps des intrigues et des divisions était passé. Les Moscovites voyaient très bien qu'il fallait consentir à des sacrifices énormes pour dompter ces petits peuples héroïques. Ils ont profité du répit qu'ils avaient obtenu depuis la chute de Napoléon Ier, jusqu'en 1853. Durant cette période, ils n'ont pu venir à bout, ni de Schamyl, ni des Circassiens occidentaux. Après la guerre de Crimée, réconciliés avec l'Occident, les Moscovites ont porté et concentré tous leurs efforts contre Schamyl qu'ils ont terrassé en janvier 1858.

La Circassie occidentale continuait la lutte malgré tous les revers et tous les malheurs. Ni la chute de Schamyl, ni les privations de toutes sortes qu'elle endurait ne pouvait fléchir le courage de ses enfants, qui résistaient comme les rocs de leurs montagnes. C'est entre 1858 et 1864 que se placent les plus grandes cruautés des Russes. Incapables de pénétrer au cœur même du pays par la victoire de leurs armées, les Russes imaginent des procédés inhumains ; ils avaient assiégé un peuple de un million et demi d'habitants, l'avaient isolé du reste du monde, et, pendant six ans, ils ont empêché l'entrée en Circassie du sel et des médicaments les plus élémentaires pour les femmes et les enfants, aussi bien que pour les blessés. Les privations matérielles de toute sorte, les batailles incessantes avaient affaibli l'organisme de tous les individus, hommes, femmes, enfants, et dans les batailles qui ont été livrées en été de 1864, la victoire est restée aux Moscovites, qui ont pénétré en Circassie et ont accompli, avec leurs armées régulières et les bandes, les cruautés les plus atroces du XIXme siècle. Pendant la pénétration et après les batailles malheureuses, tous les individus tombés entre les mains des Russes ont été éxécutés ou bien déportés au centre de la Russie ou en Sibérie. D'autres ont été traqués, chassés vers la Mer Noire, entassés dans de frêles embarcations et confiés à la furie des flots. C'est ainsi que la Russie a jeté à la porte de leur patrie 750000 habitants de la Circassie occidentale, sans leur reconnaître aucun bien mobilier ou immobilier. Ceux, qui s'étaient retirés près des glaciers ont échappé au massacre ou à l'exil forcé.

Le monde civilisé moderne maudit aujourd'hui les empereurs romains Titus et Vespasien, parce qu'ils ont arraché le peuple d'Israël à la patrie de ses ancêtres pour le disperser aux quatre coins de l'empire romain. En plein XIXme siècle, les Moscovites ont accompli un acte encore plus répréhensible, en dispersant un peuple dont le seul crime était de vouloir garder sa liberté politique et nationale. Pourquoi alors l'humanité civilisée et consciente ne compatirait-elle pas à nos malheurs, à notre infortune, à l'extermination qui nous menace depuis un siècle ?

La Russie a renouvelé la même action en 1877, en profitant de l'occasion que la guerre turco-russe lui offrait ; elle a jeté encore 100 000 Circassiens en dehors de la Circassie dans les mêmes conditions qu'en 1864.

Les Moscovites, après leur installation définitive dans le pays, ont forcé les Circassiens à descendre dans les plaines et les ont disséminés un peu partout dans le pays pour effacer le caractère national de ses habitants. Ces débris d'un peuple héroïque, qui a défié toutes les invasions européennes et asiatiques, ont simplement le droit de cultiver les terres qui étaient les propriétés de leurs ancêtres, mais qui ont passé aujourd'hui à l'Etat russe ou bien aux descendants des officiers qui se sont distingués dans l'extermination du peuple circassien. Ils ne se sont pas contentés de cela, ils ont poursuivi même en temps de paix les restes de ce peuple martyr.

Comme administration, depuis leur installation, les Russes n'ont fait connaître aux Circassiens que les bienfaits d'un état de siège perpétuel. L'Europe occidentale sait très bien que les lois russes ne brillent pas par leur libéralisme. Les Moscovites ne nous accordent pas même ces lois et nous font vivre sous la terreur des lois d'exception. Il est évident qu'avec cet état de siège perpétuel, il ne peut y avoir de liberté individuelle et, à plus forte raison, de liberté nationale. Par conséquent, il nous est impossible aujourd'hui, à nous Circassiens du XXme siècle, de nous développer suivant nos usages, nos coutumes, nos aspirations nationales.

Grâce à cet état de siège, le gouvernement russe fait disparaître tout individu ou toute classe d'individus capables de servir de guide au peuple circassien, en s'attaquant d'abord à la noblesse qui a disparu par les intrigues, les récompenses douteuses, la débauche, la prison ou l'exil, le poignard ou le poison, suivant les caractères et la situation des personnes visées. La noblesse fauchée, les Moscovites ont cru que le peuple circassien, resté sans guide moral, fondrait de lui-même, disparaîtrait comme par enchantement. Il n'en a pas été ainsi : la vitalité de la race circassienne est grande. Le peuple se laisse guider aujourd'hui par ses chefs religieux et ses intellectuels qui ont fréquenté les universités occidentales. C'est à ces derniers que s'attaquent aujourd'hui les Moscovites. Les Cadis étaient élus par le peuple, qui leur confiait ses affaires religieuses et ses institutions de bienfaisance et d'instruction. Les Moscovites entravent actuellement l'élection de nos chefs religieux et, dans certains cas, ils nomment eux-mêmes les Cadis d'office.

Un intellectuel circassien connaissant le monde occidental est la peste même pour les Russes ; il ne pourra jamais disposer librement de son temps, se mettre en relation avec ses compatriotes, essayer d'élever leur niveau moral et intellectuel. Il sera immédiatement éloigné ou interné sous un prétexte quelconque.

Comme si toutes ces exactions, ces entraves, ces injustices ne suffisaient pas à anéantir un peuple qui avait déjà perdu les trois-quarts de ses habitants par les guerres séculaires et les émigrations forcées, les Moscovites se sont ingéniés à trouver encore d'autres moyens d'extermination. La générosité moscovite nous fait grâce du service militaire obligatoire, mais dès qu'il y a une guerre extérieure, on s'adresse au peuple circassien qui doit fournir sept régiments de cavalerie montés, équipés et habillés à ses frais. Ces hommes sont peut-être de bons cavaliers, mais n'ont aucune idée de la guerre moderne, des engins, des armes dont se servent aujourd'hui les armées européennes. Imaginez-vous des hommes ayant le caractère chevaleresque, l'orgueil et la mentalité des chevaliers du XVme siècle, mis en présence des armées modernes, munies de fusils à répétition, de mitrailleuses, de canons à tir rapide. Je me demande un peu ce que le monde occidental dirait, penserait d'un gouvernement qui agirait ainsi. Eh bien ! pour les malheureux enfants de la Circassie il en a été ainsi pendant la guerre russo-japonaise, il en est encore aujourd'hui ainsi dans cette malheureuse guerre mondiale qui déchire la majeure partie de l'humanité.

Comme tous les musulmans, les Circassiens s'abstiennent d'alcool ; les communes purement circassiennes défendaient la vente de l'alcool dans les limites de leur territoire. Cela ne faisait pas l'affaire des Russes pour plusieurs raisons ; d'abord les agents russes proclamaient ostensiblement que c'était aller contre les lois générales de l'Empire ; ils faisaient valoir ensuite les pertes que le fisc russe subissait du fait même de cette défense. Tous ces sophismes cachaient une autre idée qu'ils n'osaient avouer ouvertement : à savoir que cette défense des autorités communales empêchait l'empoisonnement physique et moral du peuple circassien. De sorte que, sous ces sophismes, ils ont établi des cabarets pour la vente de cet alcool infect, qui est la cause de la dégénérescence des individus, comme celle des peuples.

Avant l'entrée des Russes dans le Caucase, la phtisie, la syphilis y étaient inconnues, l'état moral et physique était excellent et les tares constituaient des cas excessivement rares. Après cela, les Russes trouvent excessif que nous ne soyons pas contents d'eux.

Vu que l'occupation du Caucase par les Russes est une illégalité et une injustice, suivant les principes du droit international et de l'humanité ;

Vu les atrocités innombrables commises pendant la conquête et après la conquête ;

Vu le mépris des droits les plus élémentaires des individus et des peuples, affecté ouvertement par le gouvernement moscovite ;

Vu l'incapacité notoire et réelle de civilisation et gouvernement modernes des Moscovites, qui se prétendent être les dépositaires de la civilisation occidentale dans cette partie ;

Vu que les peuples caucasiens occupent cette contrée depuis les temps les plus reculés, ce qui constitue par conséquent leur patrimoine national ;

Vu l'unité morale de tous les peuples caucasiens, unité qui a existé de tous temps et qui existe encore de nos jours ;

Vu l'unité ethnographique de la plupart des peuples caucasiens : Georgiens, Circassiens, Lesghis ;

Vu l'unité religieuse de la plupart d'entre eux, Circassiens, Lesghis, Turco-Tartares ;

Vu les capacités réelles que les Circassiens ont montrées dans toutes les branches de l'activité humaine, comme officiers, administrateurs, hommes de lettres, voyageurs, artistes, etc. ;

Vu la grande vigueur que le peuple circassien a montrée, soit dans la défense de son sol natal et de ses libertés nationales, soit dans la résistance à l'assimilation russe ;

Vu que le peuple circassien, avec ses apparentés, constitue encore un noyau solide de un million et demi d'habitants et qu'il occupe la partie la plus riche du Caucase, soit au point de vue agricole et forestier, soit au point de vue minéral et hydrographique ;

Vu toutes ces considérations, les unes plus importantes que les autres, la collaboration du peuple circassien avec l'élément moscovite, dans une même agglomération politique, est devenue intolérable, impossible ; par conséquent, le peuple circassien demande à l'Angleterre, qui s'était déjà intéressée à son sort en 1856 et en 1864 ; à la France, qui a eu l'honneur de déclarer les Droits de l'homme ; aux Etats-Unis d'Amérique, qui permettent le libre développement de tous les individus ; à la République helvétique, qui nous donne aujourd'hui une hospitalité si généreuse et qui ressemble à notre pays à plusieurs points de vue ; à tous, enfin, le peuple circassien demande qu'on lui rende justice pour le martyre qu'il endure depuis un siècle, qu'on le débarrasse du joug moscovite qui tend à l'anéantir complètement.

www.ingramcontent.com/pod-product-compliance
Ingram Content Group UK Ltd.
Pitfield, Milton Keynes, MK11 3LW, UK
UKHW021018220726
13924UKWH00001B/45